David Coher

citoyenneté numérique

le petit guide de SURVIE

Civilisation du numérique et de l'écran

Éditions Libertés Numériques
EPC @ ELN

David Cohen : Citoyenneté numérique : Le petit guide de survie

Mise en page et couverture : Geneviève Richer, d'après un concept de David Cohen

Collection de la civilisation du numérique et de l'écran

www.libertesnumeriques.com www.facebook.com/Les-Éditions-Libertés-Numériques-147687589070219/

Tel. : 514-605-0392
Couriel : e-paperworld.epc@bell.net

Papier ISBN : 978-2-925606-03-1
PDF ISBN : 978-2-925606-04-8
ePub ISBN : 978-2-925606-05-5

Dépôt légal
Bibliothèque et Archives nationales du Québec, 2025
Bibliothèque et Archives Canada, 2025

Imprimé au Canada en 2025 par Amazon

« Désormais, tout le monde a un droit de parole, il s'agit de savoir qui est entendu. »

Aaron Swartz

MAIS POURQUOI DONC ?

Citoyenneté vs. citoyenneté numérique : même combat, nouveau terrain

Être citoyen, c'est respecter les règles, participer à la vie commune et ne pas jeter ses déchets par terre. Être citoyen numérique, c'est pareil, sauf que les déchets, ce sont des commentaires toxiques, des fake news et vos mots de passe « 123456 ».

Dans la vraie vie, on regarde avant de traverser. En ligne, on réfléchit avant de cliquer. Et si dans la rue, vous ne hurlez pas vos secrets à tout le monde, pourquoi les partager sur Facebook ? Bref, citoyen ou citoyen numérique, le principe reste simple : être responsable, respectueux et éviter de faire planter le système… ou la société.

Les ouvrages sur cette thématiques présentent les « bons usages » en général. Un postulat d'injonction qui n'aide pas à la construction conscientisée du citoyen éclairé. Cet ouvrage se distingue par le ton humoristique et décalé, mais surtout par la pertinence de l'approche et des ressources qui permettront aux lecteurs d'être informés et d'opérer des choix conscients.

C'est ainsi que l'Homo numericus se retrouve pris au piège d'un ballet incessant entre exhibitionnisme narcissique et quête de validation virtuelle. Il oscille entre le désir de connexion sincère et la superficialité des interactions numériques, tiraillé entre son besoin d'appartenance à une communauté et son envie de briller, seul, sous les feux de la rampe virtuelle. Dans ce combat larvé, l'Homo numericus est à la fois victime et bourreau.

L'Homo numericus, cet être fascinant et contradictoire, se bat en permanence sur le champ de bataille numérique. D'un côté, la société globalisée: chantre du partage et de l'interconnexion qui l'incite à s'ouvrir au monde et à partager ses photos de vacances ou ses opinions sur le dernier buzz politique. De l'autre, son égoïsme farouche : savamment entretenu par les algorithmes voraces des réseaux sociaux qui le pousse à se mettre en scène et à traquer les likes ou à jalouser la vie *(parfaitement filtrée)* de ses "amis".

Il se laisse manipuler par les sirènes du numérique, tout en nourrissant de son propre égoïsme la machine infernale qui l'aliène. Alors, que faire ? Faut-il céder à la tentation de la déconnexion ? Se retrancher derrière un mur de solitude numérique pour échapper à ce cirque grotesque ? Ou bien peut-on trouver un équilibre, une voie médiane entre partage authentique et individualité assumée ? La réponse, comme toujours, est entre nos mains.

Il nous appartient de dompter les outils numériques, de les utiliser à bon escient et de ne pas laisser notre égoïsme prendre le pas sur notre humanité.

Car c'est à ce prix, et à ce prix seulement, que l'Homo numericus pourra enfin se libérer des chaînes virtuelles qui l'entravent et devenir un véritable citoyen du monde numérique.

HOMO NUMERICUS

Daniel Cohen

Homo numéricus - la « civilisation » qui vient

Albin Michel, 2022

le chant des SIRÈNES

1

MIROIR AUX ALOUETTES

Ah, les plateformes numériques ! Ces merveilles technologiques, à la mécanique obscure, qui nous promettent monts et merveilles : simplifier notre quotidien, nous faire gagner du temps, nous connecter avec le monde entier, nous informer, nous divertir... Bref, nous rendre la vie belle, facile et heureuse. Bon, les promesses n'engagent que celles et ceux qui y croient!

Derrière ces promesses alléchantes se cache parfois une réalité bien différente. Prenons l'exemple des réseaux sociaux, ces espaces de partage et d'échanges où l'on peut se connecter avec ses amis, sa famille et même des inconnus. Quelle meilleure façon de rester en contact avec ses proches et de découvrir de nouvelles cultures, n'est-ce pas ?

Sauf qu'en réalité, les réseaux sociaux peuvent vite se transformer en tourbillons chronophages où l'on se perd entre les likes, les commentaires et les notifications incessantes. Sans parler de la dose d'anxiété et de comparaison sociale qu'ils peuvent injecter dans notre quotidien.

Et puis, il y a les outils de productivité. Ah, ces applications qui nous promettent de nous organiser, de gérer notre temps et de booster notre efficacité. On se voit déjà, listant nos tâches avec satisfaction, bouclant nos projets en un temps record et savourant le sentiment du devoir accompli.
Sauf que, bien souvent, ces outils finissent par encombrer notre esprit plus qu'ils ne le libèrent. Entre les notifications, les alertes et les to-do lists à rallonge, on a l'impression de ne plus jamais pouvoir décrocher.

La construction d'une citoyenneté consciente des enjeux passe par notre capacité à utiliser les plateformes et outils numériques adaptés à nos besoins professionnels et personnels. Ceci n'empêche pas de garder en tête les enjeux liés aux solutions que nous choisissons d'utiliser: comprendre comment ça fonctionne, les possibilités offertes et les coûts potentiels.

ENJEUX SOCIAUX

Il existe plusieurs réalités géographiques et technologiques, ainsi que de nombreux enjeux (durabilité, économies numériques...).

TECHNOLOGIES

Il existe de nombreuses technologies avec leurs limites et plus-values pédagogiques, à transposer en apprentissages efficaces et en productions de contenus.

USAGES

De nombreuses ressources et outils de créations de contenus permettent d'ouvrir le champ des possibles, et de faciliter leur circulation et stockage.

ENGAGEMENT

Devenir un usager conscient des enjeux et fonctionnements des outils et des plateformes, ce qui permet d'opérer des choix conscients et citoyens, en prises avec ses valeurs.

L'INFORMATION C'EST LE NERF DE LA GUERRE

PV.
ProtégezVous.

60 millions de consommateurs

S'informer c'est la première étape du processus !

garder les yeux ÓUVERTS

2

Abordons maintenant un point clivant et questionnant: l'apparente simplicité des interfaces et des appareils est clairement pensée par des spécialistes. Le principe est simple : un système facile d'utilisation pour éviter toute fuite vers une autre solution. L'effet « Boîte noire magique » permet de capter le client et de « l'enfermer » dans une solution unique.

Capter notre attention, la garder pour la monétiser et la réactiver quand on commence à flancher et à être moins attentif : une savante équation faite de systèmes, alertes, graphismes et algorithmes conçus pour nous captiver !

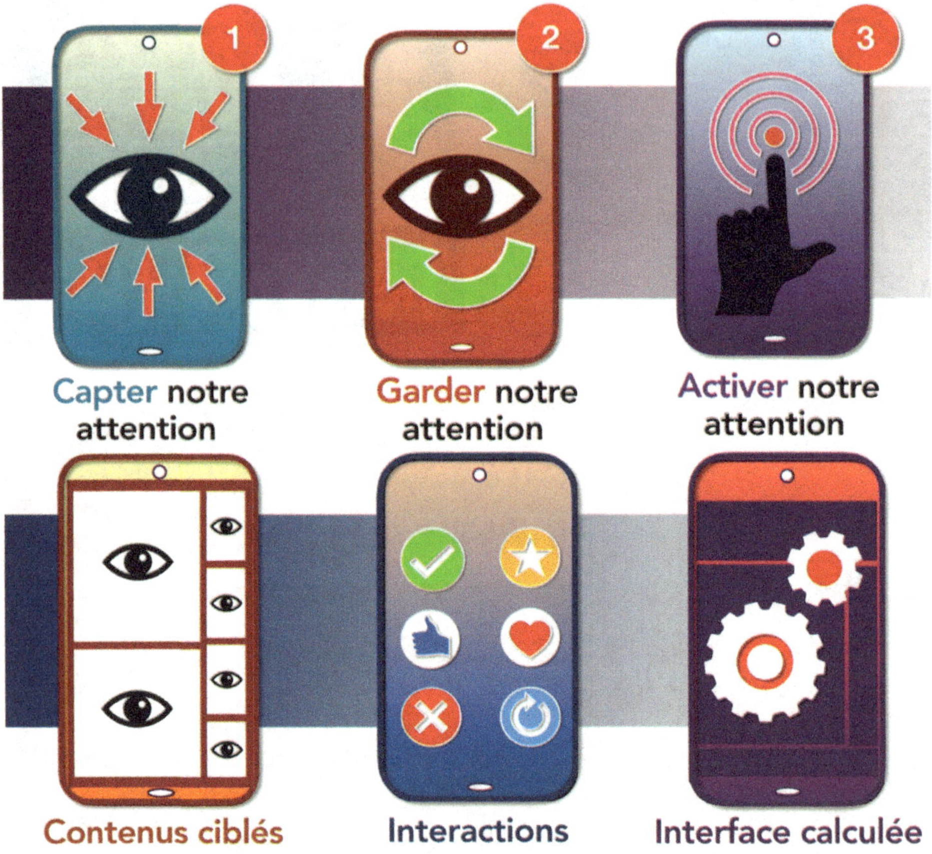

L'ATTENTION COMME PRINCIPALE RESSOURCE

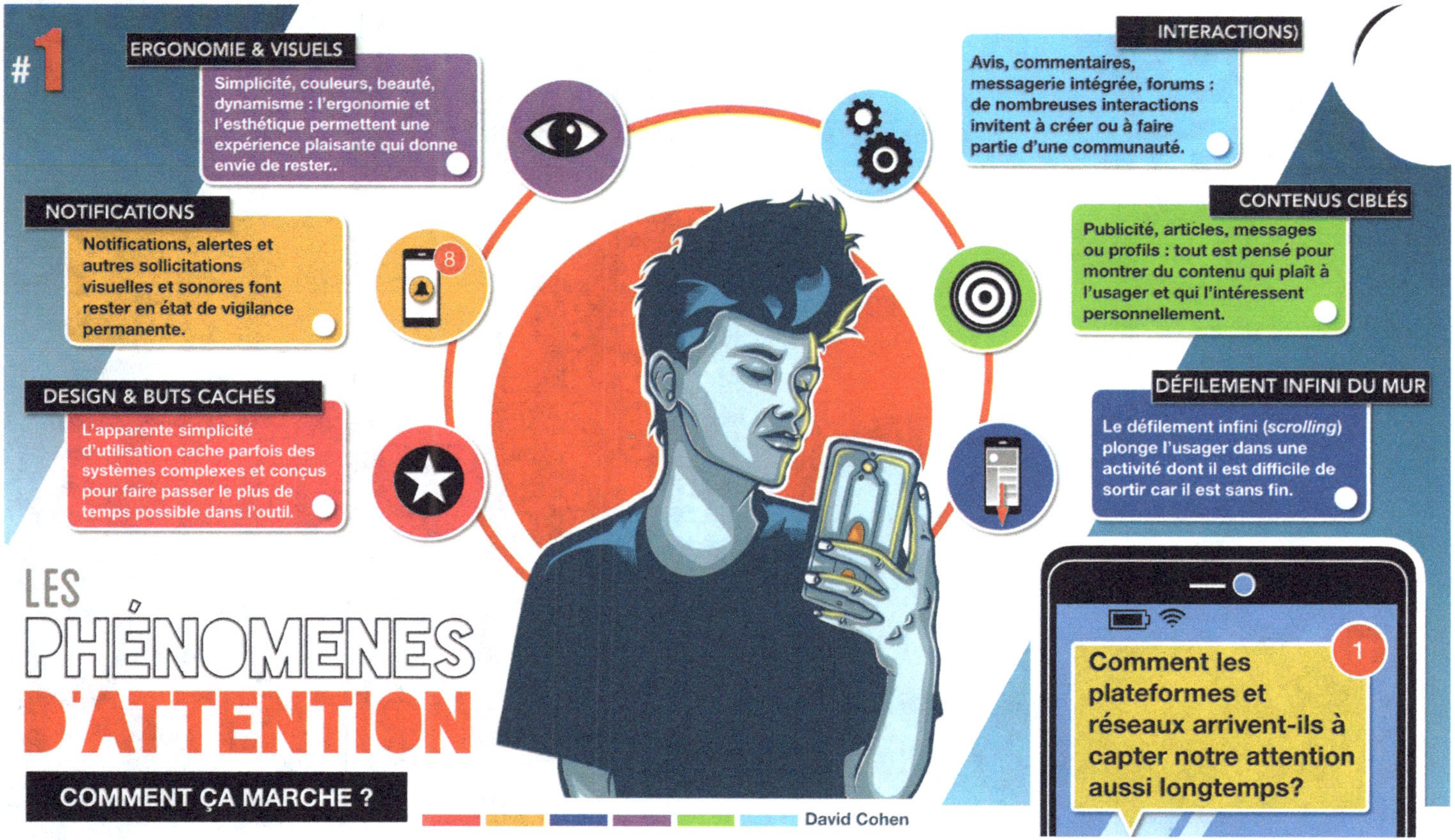

TEMPS PASSIF VS TEMPS ACTIF

Arriver à nous faire scroller des heures et zapper des contenus aussi inintéressants les uns que les autres, requiert une mécanique implacable et parfaitement huilé. Et notre tort est de ne pas nous intéresser plus aux rouages et aux conditions légales encadrants les utilisations! Il est possible de s'y intéresser plus et de prendre enfin le temps de s'informer par nous-mêmes.

Flemme de tout lire!!

Nous le faisons toutes et tous, mais on accepte souvent n'importe quoi n'importe comment! C'est en nous noyant sous une logorrhée technolégaliste qu'ils arrivent à leur fin: on baisse les bras et on accepte sans broncher en cliquant.

Terms of Service
Didn't Read

"J'ai lu et accepte les Conditions d'Utilisation" est le pire mensonge du web. Nous visons à y remédier.

"Conditions d'utilisation ; non lues" *(en anglais "Terms of Service ; Didn't Read" soit ToS ;DR)* **est un projet qui a débuté en juin 2012 pour aider à réparer le "plus grand mensonge du web" : presque personne ne lit vraiment les conditions d'utilisation qu'on accepte tout le temps.**

ils nous ÉCOUTENT

3

Ah, les réseaux sociaux et les sites internet, ces charmants petits voyeurs numériques qui semblent tout savoir de nous, comme s'ils lisaient dans nos pensées. Mais rassurez-vous, ils ne sont pas dotés de pouvoirs surnaturels; ils ont simplement perfectionné l'art de la collecte d'informations, et ils s'en servent avec une efficacité redoutable.

Tout commence de manière innocente. Vous ouvrez un compte sur Facebook ou Instagram, peut-être même LinkedIn pour faire sérieux. Vous remplissez votre profil, partagez quelques photos, et hop, sans le savoir, vous avez déjà donné un premier aperçu de qui vous êtes : votre âge, votre sexe, vos intérêts, votre réseau d'amis. C'est à ce moment précis que l'engrenage commence à tourner. Ces plateformes ne se contentent pas de stocker ces informations. Non, elles les analysent, les croisent avec celles de millions d'autres utilisateurs, et commencent à dessiner une image de vous, un peu comme un puzzle dont ils auraient toutes les pièces.

Mais pourquoi s'arrêter en si bon chemin ? Ces plateformes traquent également chacun de vos clics, chaque publication que vous aimez, chaque vidéo que vous regardez. Vous avez passé un peu trop de temps à regarder des photos de voyages en Grèce ? Attendez-vous à voir une avalanche de pubs pour des billets d'avion ou des hôtels à Santorin dans les jours qui suivent. Vous avez googlé "symptômes de grippe" ? Vous verrez bientôt des annonces pour des médicaments ou des consultations en ligne. Tout ce que vous faites est une donnée précieuse qui est collectée, analysée, et, bien sûr, monétisée.

Et puis il y a les fameux **cookies**. Vous savez, ces petites fenêtres qui s'ouvrent sur les sites en vous demandant si vous acceptez les cookies ? En cliquant sur "**Accepter**", vous donnez le feu vert pour que vos **comportements de navigation** soient suivis à la trace. Les cookies permettent aux sites de savoir combien de temps vous passez sur une page, sur quels **liens** vous **cliquez**, et même à quel moment de la journée vous êtes le plus actif. Ces **informations**, une fois **collectées**, sont **revendues** à des entreprises qui souhaitent vous **cibler** avec des **publicités ultra-personnalisées**. C'est un peu comme si le vendeur du coin connaissait déjà vos goûts et vous proposait exactement ce que vous voulez, avant même que vous n'ayez eu le temps de demander.

Et parlons des **applications mobiles**, ces petites ***espions dans votre poche***. Beaucoup d'entre elles demandent des **autorisations** qui n'ont parfois rien à voir avec leur fonctionnalité principale. Une application de lampe de poche a besoin d'accéder à vos contacts et à votre localisation ? Étrange, non ? Mais une fois l'autorisation donnée, elles peuvent **collecter ces données** et les partager avec des annonceurs. En échange, vous obtenez un service "**gratuit**", mais…

« SI C'EST GRATUIT,
C'EST QUE VOUS ÊTES LE PRODUIT. »

Finalement, tout ce manège n'a qu'un seul but : faire de l'argent. Les informations collectées sont revendues à des annonceurs, qui les utilisent pour cibler leurs campagnes publicitaires de manière extrêmement précise. C'est ainsi que les réseaux sociaux, les moteurs de recherche, et même les sites de e-commerce transforment chaque fragment de votre vie numérique en un billet vert. Ils ont trouvé un moyen infaillible de vous connaître mieux que vous ne vous connaissez vous-même, et ils n'hésitent pas à en tirer profit. Alors, la prochaine fois que vous voyez une publicité qui semble lire dans vos pensées, rappelez-vous que ce n'est pas de la magie, mais simplement le résultat d'un espionnage numérique parfaitement orchestré. Vous n'avez peut-être pas signé pour ça consciemment, mais en réalité, vous avez cliqué sur "Accepter" il y a bien longtemps.

NE PAS DONNER SES DONNÉES !

Protéger ses données personnelles, c'est un peu comme garder ses secrets bien cachés sous son oreiller, sauf que sur internet, l'oreiller est en verre. Les enjeux ? Éviter que vos informations ne se baladent de pub en pub, ou pire, qu'un cybercriminel ne décide d'acheter une île avec votre carte de crédit. En gros, mieux vaut verrouiller ses données, car si vous ne le faites pas, quelqu'un d'autre s'en chargera... et ce ne sera sûrement pas pour vous envoyer des fleurs.

La **protection des données dans le monde** : une *carte interactive* présentant l'état de la **législation** concernant le *transfert des données personnelles* et à quelles *conditions* ? Quel pays dispose d'une **législation** spécifique ou d'une autorité de **protection des données personnelles** ?

importance de

4 L'INFORMATION

LEXIQUE UTILE

Fait : Information vérifiable et objective, basée sur des preuves ou des données concrètes.
Opinion : Jugement personnel ou interprétation subjective, sans obligation d'être fondé sur des preuves.
Rumeur : Information non vérifiée qui se répand de bouche à oreille, souvent de manière déformée.
Infox *(Fake news)* : Information délibérément fausse ou trompeuse, créée pour induire en erreur ou manipuler.
Désinformation : Diffusion intentionnelle d'informations fausses pour nuire ou influencer des opinions.
Mésinformation : Information incorrecte partagée sans intention de tromper, souvent par ignorance.
Propagande : Information biaisée ou partielle diffusée pour promouvoir une cause ou une idéologie.

Dans notre monde numérique, être bien informé est crucial pour chaque citoyen. Avec la multiplication des sources d'information sur internet et les réseaux sociaux, il devient de plus en plus difficile de distinguer le vrai du faux. Pourtant, bien s'informer est essentiel pour préserver la démocratie, car des décisions éclairées reposent sur des faits vérifiés. De plus, face aux tentatives de manipulation et de désinformation, savoir vérifier les sources permet d'éviter de devenir un pion dans un jeu politique ou commercial. Enfin, une bonne information protège aussi contre les arnaques et contribue à maintenir la cohésion sociale en empêchant la propagation de rumeurs ou de préjugés. Bref, bien s'informer est la clé pour naviguer intelligemment dans le monde complexe d'aujourd'hui.

Dans le contexte des réseaux sociaux, le défi de bien s'informer est encore plus grand. Ces plateformes, conçues pour maximiser l'engagement, favorisent souvent la diffusion rapide des fake news, car ces informations sensationnalistes attirent plus facilement l'attention. Les fausses nouvelles se propagent six fois plus vite que les vraies, exploitant nos émotions et nos biais cognitifs pour se répandre comme une traînée de poudre. Cela peut mener à une désinformation massive, où les opinions se forment sur des bases erronées, avec des conséquences potentiellement graves pour la société. Apprendre à repérer et à éviter les fake news est donc indispensable pour tout citoyen souhaitant rester bien informé et protéger l'intégrité du débat public.

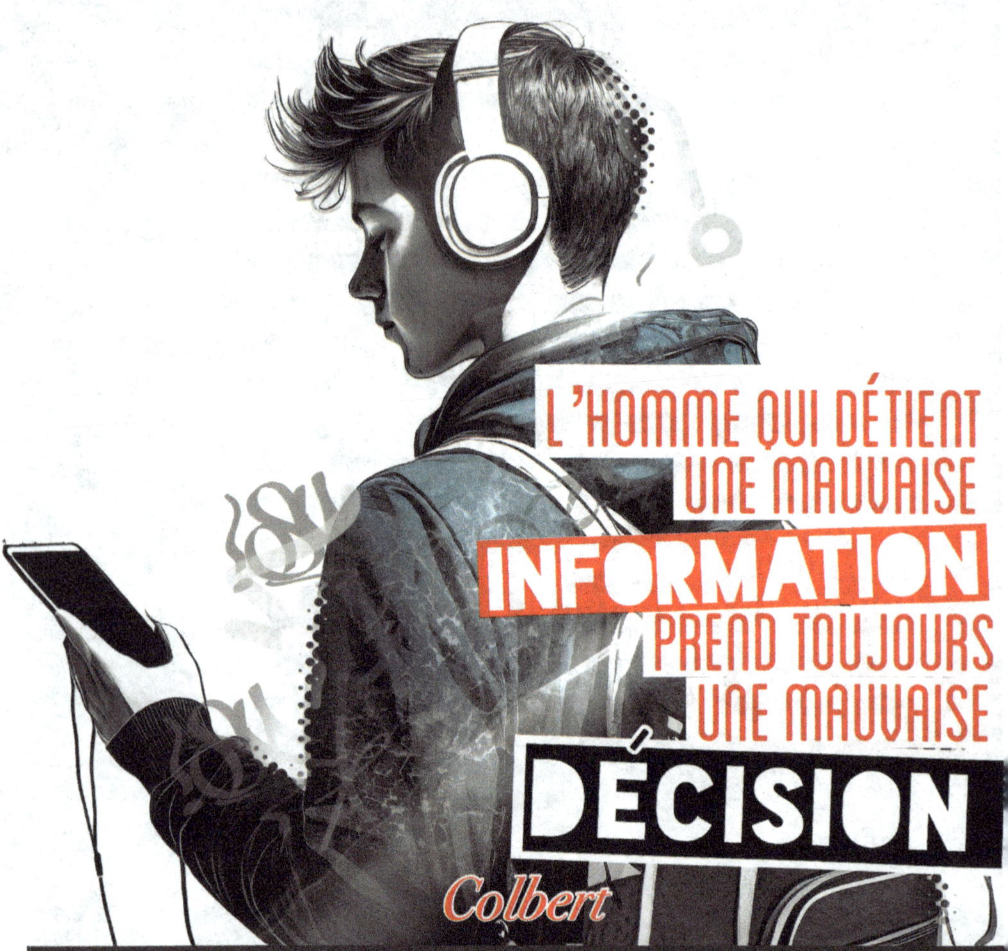

Quand le Scientifique en chef du Québec debunke les idées et peurs c'est très bon et instructif!

COMMENT FABRIQUE-T-ON

L'INFORMATION ?

LE BIAIS DE CONFIRMATION

Le raccourci mental par excellence et les réflexes à développer pour le contourner !

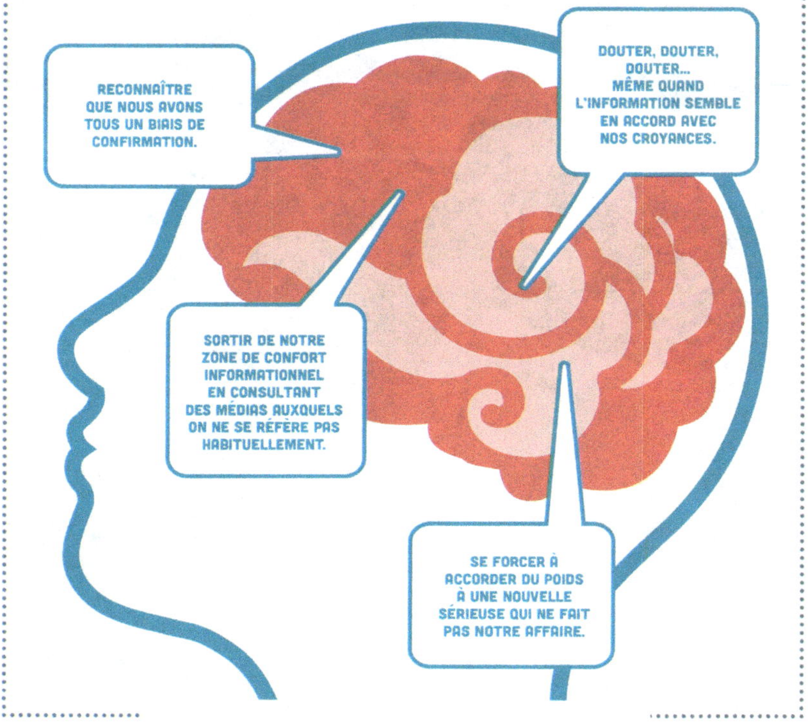

Financé par le gouvernement du Canada | Funded by the Government of Canada | Canada

Agence Science-Presse

sciencepresse.qc.ca/vraimentvrai

Le Détecteur de rumeurs

5
SAFE SPACE

Un "safe space" (espace sûr) sur les réseaux sociaux et internet est un environnement en ligne où les usagers peuvent s'exprimer librement et échanger sans craindre le jugement, le harcèlement ou la discrimination. Ces espaces sont souvent modérés pour garantir que les interactions restent respectueuses et bienveillantes. Les "safe spaces" sont particulièrement importants pour les personnes issues de communautés marginalisées ou vulnérables, leur offrant un refuge où elles peuvent partager leurs expériences, trouver du soutien et se connecter avec d'autres dans un cadre protégé. Ils sont conçus pour encourager des discussions ouvertes tout en assurant la sécurité émotionnelle et mentale des participants.

Voici quelques exemples de "safe spaces" sur les réseaux sociaux et internet :

Groupes Facebook privés : Il existe de nombreux groupes Facebook fermés ou privés dédiés à des communautés spécifiques (comme les LGBTQ+, les survivants de traumatismes, ou les parents d'enfants handicapés) où les membres peuvent échanger en toute confidentialité et recevoir du soutien.
Forums modérés : Des forums en ligne comme "The Mighty" ou "7 Cups" sont dédiés à des discussions sur la santé mentale, les maladies chroniques, ou d'autres sujets sensibles. Ces forums sont généralement modérés pour garantir que les échanges restent respectueux et encourageants.
Subreddits spécifiques : Sur Reddit, certains sous-forums (subreddits) sont créés comme des "safe spaces" pour des communautés spécifiques, comme r/traumatoolbox pour les personnes qui ont vécu des traumatismes ou r/TwoXChromosomes pour les discussions axées sur les expériences des femmes.
Espaces de chat sécurisés : Des plateformes comme Discord offrent des serveurs privés où des communautés peuvent se rassembler autour d'intérêts communs dans un environnement modéré. Par exemple, des serveurs axés sur le bien-être ou le soutien aux adolescents LGBTQ+.
Applications de soutien : Des applications comme "Wysa" ou "TalkLife" créent des espaces sécurisés pour discuter de problèmes de santé mentale. Ces applications sont souvent anonymes et modérées pour s'assurer que les discussions restent positives et non jugées.
Groupes de soutien en ligne : Des plateformes comme "NAMI" *(National Alliance on Mental Illness)* organisent des groupes de soutien en ligne où les participants peuvent discuter de leurs expériences dans un cadre empathique et compréhensif.

Ces quelques exemples montrent comment les "safe spaces" en ligne permettent à des individus de se connecter et de s'exprimer en toute sécurité, tout en recevant du soutien de leurs pairs.

Bien que les "safe spaces" soient conçus pour être des environnements sûrs et protecteurs, ils présentent également certains dangers potentiels :

Isolement intellectuel : Les "safe spaces" peuvent parfois devenir des "bulles" où seules les opinions similaires sont partagées, ce qui peut limiter l'exposition à des perspectives différentes. Cela peut renforcer les croyances existantes et mener à une fermeture d'esprit, où les idées divergentes sont rejetées ou ignorées.

Écho de la pensée de groupe : Dans un "safe space", il est possible que la pensée de groupe prenne le dessus, où les membres peuvent ressentir une pression implicite pour se conformer aux opinions majoritaires. Cela peut inhiber le débat constructif et réduire la diversité des idées.

Surenchère émotionnelle : Dans certains "safe spaces", l'accent excessif sur les émotions et les expériences personnelles peut parfois mener à une surenchère émotionnelle, où les discussions rationnelles sont éclipsées par des réactions émotionnelles intenses. Cela peut rendre difficile la résolution de conflits ou le développement de solutions équilibrées.

GARDEZ LES YEUX OUVERTS !

10 conseils de la CNIL pour rester Net sur le web

1 Réfléchir avant de publier

Sur internet, tout le monde peut voir ce que tu publies : photos, vidéos, opinions, etc.

2 Respecter les autres

Tu es responsable de ce que tu publies sur les réseaux sociaux... Ne fais pas aux autres ce que tu ne voudrais pas que l'on te fasse.

3 Ne pas tout dire

Donner le minimum d'informations sur soi en ligne, c'est se protéger ! Mieux vaut ne pas communiquer tes opinions, ta religion ou ton numéro de téléphone...

4 Sécuriser ses comptes

En paramétrant tes profils sur les réseaux sociaux, tu restes maître des informations que tu souhaites partager.

5 Créer plusieurs adresses mail

Tu peux par exemple utiliser une adresse pour les jeux vidéos, une pour tes amis et une autre boîte e-mail pour les réseaux sociaux.

6 Faire attention à tes photos et tes vidéos

Envoyer, publier une photo ou une vidéo gênante de soi ou des autres, c'est risquer une diffusion incontrôlable.

7 Utiliser un pseudonyme

Seules les personnes à qui tu l'auras communiqué sauront qu'il s'agit de toi et suivront tes aventures sur le net.

8 Protéger ses mots de passe

Il faut qu'il soit difficile à deviner et différent pour chaque service. Évite d'utiliser ton surnom ou bien ta date de naissance par exemple. Et surtout, garde-le pour toi !

9 Nettoyer ses historiques

Pour éviter d'être tracé, il est conseillé d'effacer régulièrement tes historiques de navigation et d'utiliser la navigation privée si tu utilises un ordinateur ou un smartphone qui n'est pas le tien.

10 Surveiller sa réputation en ligne

Taper ton nom dans un moteur de recherche te permet de savoir ce qui est dit sur toi sur internet et quelles informations circulent.

Partage ces conseils avec tes amis et ta famille pour qu'ils protègent eux aussi leur vie privée !

CNIL.
COMMISSION NATIONALE INFORMATIQUE & LIBERTÉS

Retrouvez d'autres conseils sur www.cnil.fr

effet de SIDÉRATION

6

Les plateformes et réseaux sociaux, c'est un peu comme un trou noir numérique : tu y jettes un coup d'œil rapide, et hop, trois heures ont disparu ! L'effet de sidération, c'est cette sensation de rester scotché, incapable de décrocher, bombardé par des notifications, des vidéos virales et des mèmes improbables. Ton cerveau est tellement submergé d'infos que tu passes de l'émerveillement au vide absolu. C'est comme regarder une série sans fin où chaque épisode est plus absurde que le précédent… sauf qu'ici, c'est ta concentration qui prend cher.

6 Avantages des réseaux et médias sociaux

1. Connexion globale instantanée : Vous pouvez renouer avec cet ami de maternelle que vous n'avez pas vu depuis 30 ans... et réaliser qu'il est devenu coach en crypto-monnaie.

2. Détection de talents cachés : Vous découvririez que vous avez un don incroyable pour la photographie... de plats à moitié mangés. Le hashtag #FoodPorn n'attend que vous !

3. Accès rapide à l'actualité : Les réseaux sociaux sont tellement rapides que vous savez déjà que vous avez raté un événement avant même d'avoir su qu'il existait.

4. Influenceur en herbe : Avec un peu de chance et beaucoup de filtres, vous pouvez transformer votre chat obèse en star d'Instagram, et soudain, Purina vous envoie des croquettes gratuites à vie.

5. Apprentissage accéléré : Besoin d'apprendre à danser le shuffle ou à plier un T-shirt en 3 secondes ? Pas de souci, TikTok vous transforme en expert en 60 secondes chrono.

6. Réunion de famille digitale : Grâce aux groupes Facebook, vous pouvez enfin suivre les dernières aventures de votre oncle Jean qui adore poster des selfies flous de ses voyages en camping-car.

6

Défauts des réseaux et médias sociaux

1. Addiction au scroll infini : Vous venez pour une rapide vérification de vos notifications, et quatre heures plus tard, vous êtes toujours là à regarder des vidéos de chiens déguisés en tacos.

2. Fake news à gogo : Vous apprenez que la Terre est plate, que les dinosaures n'ont jamais existé, et que boire de l'eau de Javel est bon pour la santé... tout ça en une seule journée.

3. Cyberharcèlement : Sur internet, même le plus gentil des pandas pourrait se retrouver avec une horde de trolls qui l'accusent de monopoliser le bambou.

4. Vie privée? Quelle vie privée? : Vous pensiez partager cette photo de vacances avec vos amis proches ? Surprise ! Maintenant, une entreprise obscure de marketing sait que vous aimez les mojitos et les plages isolées.

5. Comparaison toxique : Sur les réseaux, tout le monde semble vivre une vie parfaite. Pendant que vous mangez des ramen instantanés, vos amis semblent tous déguster des sushis au bord d'une piscine à Bali.

6. Bulle d'opinion : Vous vous retrouvez coincé dans une bulle où tout le monde partage vos opinions. C'est confortable, jusqu'à ce que vous vous rendiez compte que personne ne vous dit que votre idée de robe à imprimé léopard était une erreur.

L'intelligence artificielle (IA) a un effet de sidération comparable à celui des réseaux sociaux, mais avec une touche futuriste qui ajoute une dose de "wow" et un soupçon d'inquiétude. On passe de la fascination à l'émerveillement quand l'IA compose une symphonie, rédige un texte en deux secondes ou crée des images époustouflantes d'un simple clic. Mais cette capacité à tout faire à une vitesse hallucinante peut aussi laisser l'impression d'être dépassé, voire obsolète. Un mélange d'admiration et de vertige face à une technologie qui semble capable de tout… même de mieux que nous ! Nous passons de l'âge des « savoirs-faire » à l'âge du « savoir demander », un vaste champ des possibles et d'une créativité « libérée » (mais pas trop non plus).

C'est un peu comme si on assistait à un tour de magie dont on ne connaît pas le truc, et qu'on se demande si, finalement, ce n'est pas le magicien qui est en train de nous jouer !

RESSOURCE

SORTIR DE L'EFFET BOÎTE NOIRE

Inria
INVENTEURS DU MONDE NUMÉRIQUE

)i(interstices.info

Un site de vulgarisation qui permet de comprendre les fonctionnements et enjeux des outils et plateformes numériques.

prendre du

ŘECUL

7

« Ce n'est pas toujours la même chose d'être un homme bon et un bon citoyen . »

Aristote

La citoyenneté commence dans la Grèce antique, notamment à Athènes, où seuls les hommes libres pouvaient participer à la vie politique. Elle s'étend ensuite à Rome, où les citoyens bénéficiaient de droits légaux et de protection, et cette citoyenneté romaine s'est élargie au fur et à mesure que l'Empire grandissait.

Au Moyen Âge, la notion de citoyenneté perd de son importance à cause du système féodal, qui privilégiait les relations entre seigneurs et vassaux. Mais avec la Renaissance et les Lumières, elle réapparaît, cette fois liée aux droits individuels et à l'idée de participation à la vie publique.

La Révolution française est un tournant majeur : la citoyenneté devient un droit universel (pour les hommes) fondé sur l'égalité et la souveraineté du peuple. C'est à partir du 19e et du 20e siècle que la citoyenneté s'ouvre aux femmes et aux minorités, et s'associe aux droits sociaux et économiques, en lien avec l'État-providence.

Aujourd'hui, la citoyenneté inclut non seulement la participation politique, mais aussi une dimension numérique et globale, avec des responsabilités liées à l'usage d'Internet et à l'interconnexion des sociétés modernes. Elle est donc un concept en constante évolution, s'adaptant aux nouveaux enjeux mondiaux.

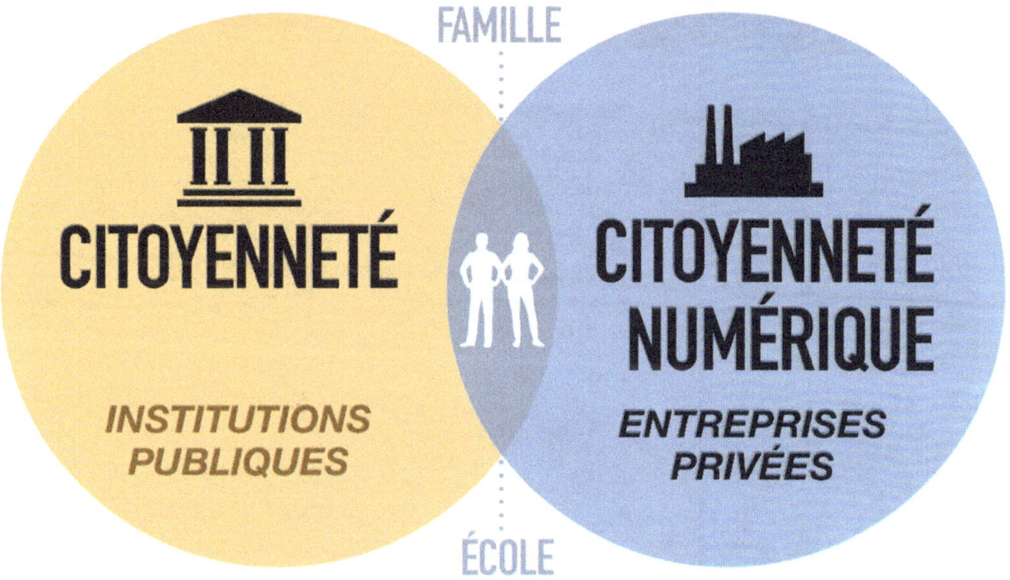

La citoyenneté classique, c'est être un bon citoyen : payer ses impôts, voter, respecter les lois, et râler sur la météo comme tout le monde. En gros, tu fais ta part dans la société, tu fais preuve de civisme, et tu évites de mettre le bazar dans la rue.

La citoyenneté numérique, c'est un peu la même chose, mais sur internet. Sauf qu'au lieu de ramasser un papier par terre, tu évites de partager des fake news. Tu votes avec des likes, tu respectes les lois du web (et évites les trolls), et surtout, tu protèges tes données comme si c'était ton code PIN. Bref, dans les deux cas, tu dois être civilisé, que ce soit dans la vraie vie ou sur ton clavier.

Autrefois, c'était **l'autorité politique** qui fixait les règles du jeu. Aujourd'hui, c'est le **monde économique** qui mène la danse : entreprises et plateformes tech sont devenues les nouvelles puissances. Résultat, la "**citoyenneté**" est plus une question de **consommation** qu'une **participation active**. Au lieu de **voter** pour des **idées**, on "***like***" des **contenus**, et au lieu d'avoir une voix dans la société, on devient juste une **donnée** dans une **base**. **Dur de faire entendre sa voix citoyenne quand tout est monétisé et orienté vers la rentabilité !**

les 5 enjeux importants

Pour construire une citoyenneté numérique éclairée, voici cinq enjeux primordiaux :

1. L'éducation aux médias et à l'information : Il est crucial de savoir distinguer le vrai du faux dans un océan de contenus en ligne. Développer l'esprit critique face aux fake news et aux manipulations est la base pour naviguer intelligemment dans l'univers numérique.

2. La protection des données personnelles : Comprendre comment nos données sont collectées, utilisées, et parfois monétisées est essentiel pour protéger sa vie privée. L'enjeu est de savoir reprendre le contrôle de ses informations face à des systèmes souvent opaques.

3. L'accès équitable au numérique : La citoyenneté numérique ne peut exister si tout le monde n'a pas accès à Internet ou aux compétences nécessaires pour l'utiliser. La fracture numérique reste un obstacle à une participation éclairée.

4. La responsabilité numérique : Être un citoyen numérique, c'est aussi avoir un comportement responsable en ligne. Cela inclut la lutte contre le cyberharcèlement, la désinformation, et le respect des autres utilisateurs.

5. La régulation des plateformes : Il est crucial de garantir une régulation qui ne soit pas dictée uniquement par les intérêts économiques des grandes entreprises tech, mais qui protège les droits des utilisateurs. Cela permettrait de concilier liberté d'expression et sécurité numérique.

(Et c'est ChatGPT qui vous le dit !)

La citoyenneté numérique est la capacité de naviguer dans nos environnements numériques de manière sécuritaire et responsable et de s'engager activement et respectueusement dans ces espaces.

Habilo Médias

Le centre Canadien de littératie aux médias numériques

en accord avec

8

SOI-MÊME

Le numérique transforme notre quotidien avec des plus-values aussi variées qu'innovantes :

Personnellement :
1. Connectivité améliorée : Grâce aux réseaux sociaux et aux applications de messagerie, garder contact avec des amis et la famille, où qu'ils soient, est devenu un jeu d'enfant. Plus besoin d'attendre des mois pour une lettre, un simple message et voilà !

2. Accès instantané à l'information : Besoin de savoir la recette du soufflé au chocolat ou comment réparer la fuite sous l'évier ? Une recherche rapide sur Internet et vous avez la solution, ou du moins un bon début.

3. Divertissement sur mesure : Les plateformes de streaming offrent un choix infinie de films, séries et musiques adaptés à vos goûts, tout en évitant le casse-tête de la location de VHS. Fini les soirées passées à chercher ce qu'il y a à la télé !

4. Facilité d'organisation : Applications de calendrier, gestion des tâches et alarmes nous aident à planifier nos journées sans devoir jongler avec des post-it partout. Moins de chaos et plus de temps pour les loisirs.

5. Apprentissage et développement personnel : Des cours en ligne et des tutoriels sur YouTube permettent d'acquérir de nouvelles compétences sans quitter son domicile, ou de se lancer dans des passions que l'on n'aurait jamais envisagées autrement.

Professionnellement :
1. Productivité accrue : Les outils de collaboration en ligne et les logiciels de gestion de projets permettent de travailler efficacement en équipe, même à distance, et de suivre l'avancement des tâches en temps réel.

2. Accès aux opportunités : Le numérique ouvre des portes vers des carrières diverses et des opportunités de réseautage mondial, que ce soit pour trouver un emploi, développer des partenariats ou lancer une entreprise.

3. Automatisation des tâches : Les logiciels et applications automatisent des tâches répétitives, libérant du temps pour des activités plus créatives et stratégiques. Moins de temps passé sur les tâches ennuyeuses, plus sur les projets passionnants.

4. Analyse et prise de décision : L'accès aux données et aux outils d'analyse permet de prendre des décisions éclairées basées sur des insights précis plutôt que sur des suppositions. Fini les décisions à l'aveuglette !

5. Flexibilité du travail : Le télétravail et les horaires flexibles permettent de mieux concilier vie professionnelle et vie personnelle, réduisant le stress et améliorant la qualité de vie.

En résumé, le numérique est comme un super-héros moderne qui rend notre vie plus connectée, organisée et enrichissante, tout en boostant notre efficacité professionnelle.

Les espèces qui survivent ne sont pas les espèces les plus fortes, ni les plus intelligentes, mais celles qui s'adaptent le mieux aux changements.

Charles Darwin

Construire une citoyenneté éclairée et consciente des enjeux

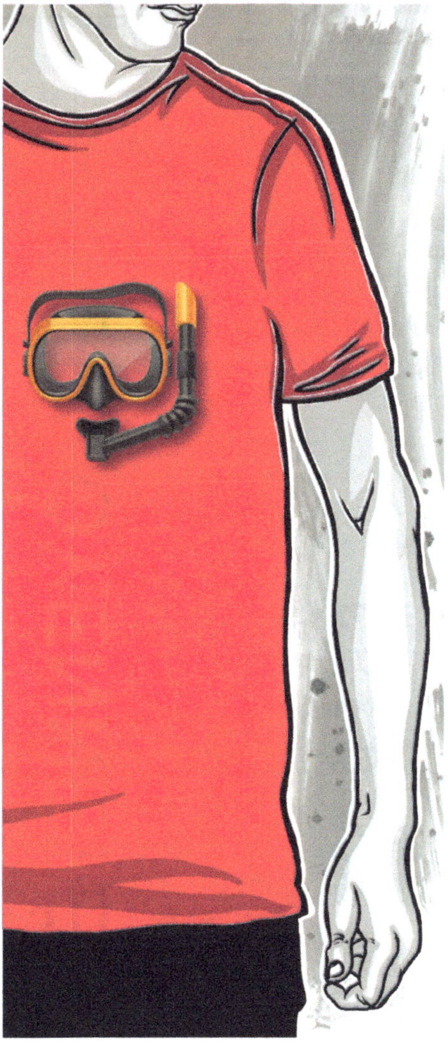

Pour devenir un citoyen numérique éclairé, prêt à comprendre les enjeux éthiques, économiques et écologiques du numérique, voici quelques étapes essentielles :

- Éduquez-vous en continu : La connaissance est le meilleur outil pour comprendre les complexités du monde numérique. Suivez des cours en ligne, lisez des articles, et restez informé des évolutions technologiques et de leurs impacts sur la société. Cela inclut comprendre les algorithmes, les données personnelles et les mécanismes de monétisation.

- Pratiquez une consommation numérique responsable : Soyez conscient de vos choix en ligne, des sites que vous visitez, des informations que vous partagez, et des données que vous donnez. Utilisez des outils pour protéger votre vie privée, comme les navigateurs privés et les bloqueurs de publicités, et choisissez des services qui respectent vos données.

- Développez une conscience éthique : Réfléchissez aux implications des technologies que vous utilisez. Par exemple, demandez-vous comment les entreprises traitent vos données, et si les produits que vous utilisez sont fabriqués de manière éthique. Soyez attentif aux questions de biais algorithmique et à l'impact des technologies sur les libertés individuelles.

- Comprenez les enjeux économiques : Informez-vous sur la manière dont les grandes entreprises du numérique génèrent des revenus et sur l'impact de ces pratiques. Par exemple, comprenez comment la publicité ciblée et la vente de données influencent les modèles économiques des plateformes que vous utilisez.

- Considérez l'impact écologique : Le numérique a une empreinte carbone importante, de la fabrication des appareils à leur utilisation quotidienne. Privilégiez des pratiques telles que la réduction de la consommation énergétique, le recyclage des appareils électroniques, et la minimisation du stockage en ligne superflu.

- Engagez-vous dans le débat public : Participez aux discussions sur les politiques numériques et soutenez les initiatives qui promeuvent une utilisation plus responsable de la technologie. Contribuez à des mouvements pour la protection des données, la régulation des géants du numérique, et des pratiques écologiques.

En adoptant ces pratiques, vous deviendrez non seulement un utilisateur plus informé, mais aussi un acteur engagé dans la construction d'un monde numérique plus éthique, économique et écologique.

CI+OYENNETÉ NUMÉRIQUE
TEMPÉRANCE NUMÉRIQUE

MULTIPLICITÉ DES ÉQUIPEMENTS

postulat intenable pédagogiquement
(ressources propriétaires, embarquées et souvent inadaptées aux différents appareils mobiles...)

OBSOLESCENCE TECHNOLOGIQUE

postulat intenable économiquement
(coût du renouvellement des parcs matériels, place importante des entreprises, gestion des matériels obsolètes...)

postulat intenable écologiquement
(matière première, gestion des déchets, recyclage, importation...)

GOUFFRE ÉCOLOGIQUE

De l'importance de ne pas multiplier les équipements, d'adopter des modèles écoresponsables et de faire œuvre d'exemplarité.

une ressource utile

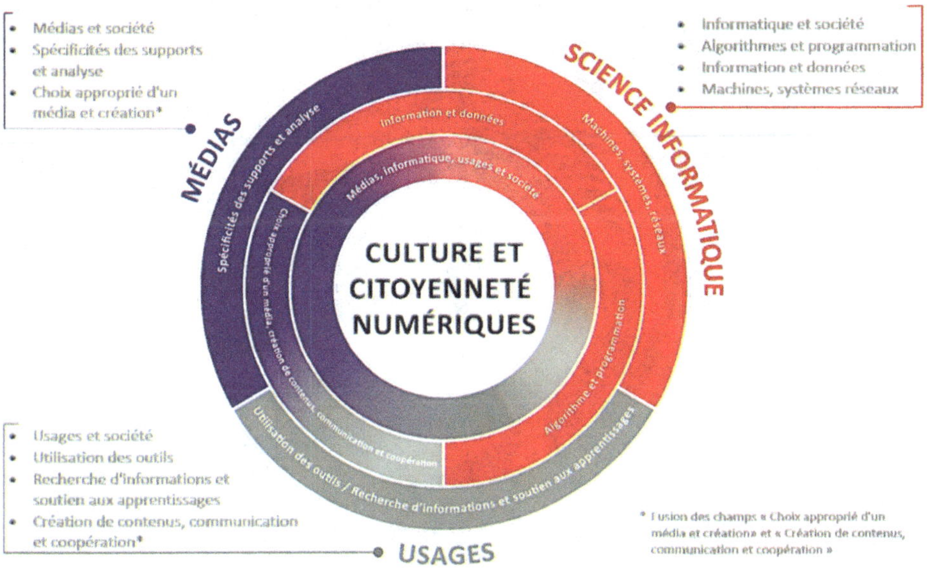

Un modèle pluraliste d'éducation numérique, l'expérience du canton de Vaud en Suisse, crée par Dominique Boullier et Boris Beaude.

9

L'ART DE LA RÉSILIENCE

RÉSILIENCE

Latin RESILIENTIA

Art de se prendre une claque, de vaciller, puis de sourire en disant "même pas mal" *(alors qu'on saigne un peu quand même).*

Si Platon débarquait aujourd'hui, il aurait probablement un avis bien tranché sur notre monde numérique. Il nous dirait, un peu blasé : « Vous aviez un outil incroyable pour élever votre esprit, et vous en avez fait une machine à vidéos de chats et à fake news. Bravo. » Heureusement, il ne nous laisserait pas en galère. Il avait déjà, il y a plus de 2 000 ans, un plan pour bien vivre… et il fonctionne aussi sur le web !

Platon parlait de quatre vertus cardinales qui nous permettent de bien agir : la sagesse, le courage, la tempérance et la justice. Ça tombe bien, c'est exactement ce qu'il nous faut pour naviguer dans le chaos numérique.

PARLONS PEU, PARLONS PHILO !

Les 4 vertus cardinales de Platon adaptées au numérique

David Cohen

LE COURAGE *(Andreia)*

Définition selon Platon
Le courage, selon Platon, est la force d'âme nécessaire pour défendre ce qui est juste, même face à la peur ou à l'opposition (*La République*, Livre IV).

Application au numérique

- **Dénoncer les abus** : Le courage numérique consiste à signaler les comportements toxiques ou les fausses informations.
- **Protéger ses données** : Oser adopter des pratiques de cybersécurité, même si elles demandent des efforts supplémentaires.

Exemple concret
Un adolescent prend la parole sur une plateforme pour sensibiliser ses pairs aux dangers du cyberintimidation, malgré les critiques possibles.

« Le courage est la connaissance de ce qu'il faut craindre et de ce qu'il ne faut pas craindre. »
(La République, Livre IV)

Dénoncer** les **comportements nuisibles** (cyberintimidation, désinformation), **protéger** ses **données personnelles**, et **oser adopter des pratiques numériques éthiques** même si elles sont moins **populaires.

Faire face aux défis et défendre ce qui est juste.

COURAGE

LA JUSTICE *(Dikaiosynê)*

Définition selon Platon
Platon voit la justice comme le respect des droits et devoirs de chacun, une harmonie où chacun agit selon sa fonction sans empiéter sur celle des autres (*La République*, Livre IV).

Application au numérique

- **Respect des droits d'autrui** : Publier du contenu sans violer les droits d'auteur ou la vie privée.
- **Lutter contre l'injustice numérique** : Par exemple, dénoncer le cyberharcèlement ou refuser de participer à des comportements nuisibles.

Exemple concret
Un étudiant décide de signaler un compte diffusant des propos haineux, en appliquant le principe de justice pour protéger les autres utilisateurs.

« La justice consiste à ne pas s'occuper des affaires d'autrui, mais à faire son propre travail. »
(La République, Livre IV)

JUSTICE

Respecter les droits et les devoirs envers autrui.

Traiter** les **autres** avec respect sur les **plateformes**, **respecter** les **droits d'auteur** et la **vie privée**, et **promouvoir** une **utilisation équitable** des **ressources numériques.

Les 4 vertus cardinales de Platon adaptées au numérique

David Cohen

LA PRUDENCE *(Sophia)*

Définition selon Platon
Dans *La République*, Platon définit la prudence comme la capacité de discerner ce qui est bon et de prendre des décisions éclairées. Elle est liée à la sagesse et à la raison.

Application au numérique

- **Discerner les informations fiables** : La prudence implique de vérifier la véracité des sources avant de partager une information.
- **Réfléchir avant de publier** : Comme un philosophe examine ses idées, réfléchis à l'impact de tes publications sur autrui et sur toi-même.

Exemple concret
Imagine qu'un utilisateur reçoive une vidéo virale accusant une personne d'un acte grave. Par prudence, il prend le temps de vérifier la source et découvre que la vidéo est sortie de son contexte.

« La sagesse est cette partie de l'âme qui dirige et gouverne. »
(La République, Livre IV)

PRUDENCE

Capacité à réfléchir avant d'agir.

***Vérifier** la **fiabilité** des **sources**, **réfléchir** avant de **publier** ou **partager** une **information**, et être **conscient** des **conséquences** de ses **actions en ligne**.*

LA TEMPÉRANCE *(Sophrosynê)*

Définition selon Platon
La tempérance est la maîtrise de soi, une harmonie entre les désirs et la raison. C'est la capacité de limiter les excès pour maintenir un équilibre.

Application au numérique

- **Limiter le temps d'écran** : La tempérance aide à éviter une surconsommation numérique (réseaux sociaux, jeux, vidéos).
- **Contrôler ses impulsions** : Ne pas répondre sous le coup de l'émotion à un commentaire ou une provocation en ligne.

Exemple concret
Un professionnel décide de planifier ses moments en ligne et désactive les notifications inutiles pour ne pas se laisser distraire.

« La tempérance est une sorte d'ordre et de maîtrise de soi. »
(La République, Livre IV)

***Éviter** les **comportements compulsifs**, comme **l'addiction** aux **réseaux sociaux**, et **limiter** le **temps** passé **devant les écrans**.*

Maîtrise de soi et des excès.

TEMPÉRANCE

Finalement, Platon nous rappelle que le numérique n'est ni bon ni mauvais en soi : tout dépend de la façon dont on l'utilise. Alors, appliquons ses quatre vertus pour éviter de devenir des esclaves du scroll et faire du web un espace plus intelligent et plus humain. Et surtout, rappelons-nous : si on veut sortir de la caverne numérique, il faut parfois poser son téléphone et lever les yeux.

Trop d'écrans, trop d'infos, trop d'algorithmes qui décident à notre place. Mais bonne nouvelle : on peut reprendre le contrôle ! Moins de temps perdu à scroller, plus de contenus qui nourrissent vraiment, et un peu plus d'esprit critique pour éviter les pièges. Bref, mieux vivre le numérique, c'est juste apprendre à l'utiliser sans qu'il nous utilise.

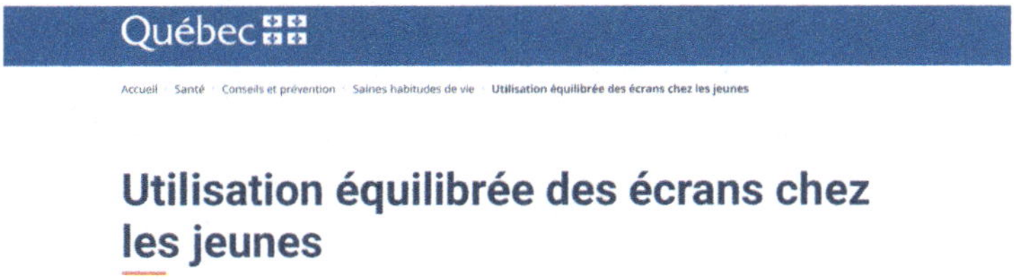

GAŘDEŘ
ESPŐIŘ !

Résilience numérique : le web apprend de ses erreurs *(et nous aussi)*

Internet, c'est un peu comme un ado turbulent : il grandit vite, fait des gaffes, puis essaye de se rattraper. Fake news, cyberintimidation, dépendance aux écrans… On en a vu des vertes et des pas mûres. Mais la bonne nouvelle, c'est que le web n'est pas figé : il évolue, et nous avec lui.

Prenons les fake news. Avant, un simple tweet bidon pouvait semer la panique. Aujourd'hui, de plus en plus d'outils existent pour vérifier l'info : labels de vérification sur les réseaux, intelligence artificielle pour détecter les deepfakes, et même des cours d'éducation aux médias pour apprendre aux jeunes (et aux moins jeunes) à démêler le vrai du faux.

Autre exemple : la protection des données. Il y a quelques années, on acceptait tous les cookies sans réfléchir, et nos infos personnelles se baladaient joyeusement sur le net. Maintenant, les lois comme le RGPD en Europe obligent les entreprises à mieux protéger nos données, et des moteurs de recherche alternatifs comme DuckDuckGo permettent de surfer sans être traqué.

Et la cyberintimidation ? Là aussi, les choses bougent. Des outils comme le « mode bienveillance » sur TikTok ou les filtres anti-harcèlement sur Instagram permettent de bloquer les commentaires toxiques avant même qu'ils n'apparaissent. Et surtout, on en parle plus ouvertement, ce qui encourage les victimes à demander de l'aide.

Bien sûr, tout n'est pas parfait, et il reste du chemin à parcourir. Mais on voit émerger un internet plus éthique, plus respectueux et plus conscient de ses dérives. Et ça, c'est grâce à nous : en utilisant le web avec esprit critique, en demandant plus de transparence et en encourageant des pratiques numériques responsables, on peut vraiment faire évoluer les choses.

En cadeau : de belles ressources pour aborder la citoyenneté et la parentalité à l'ère du numérique

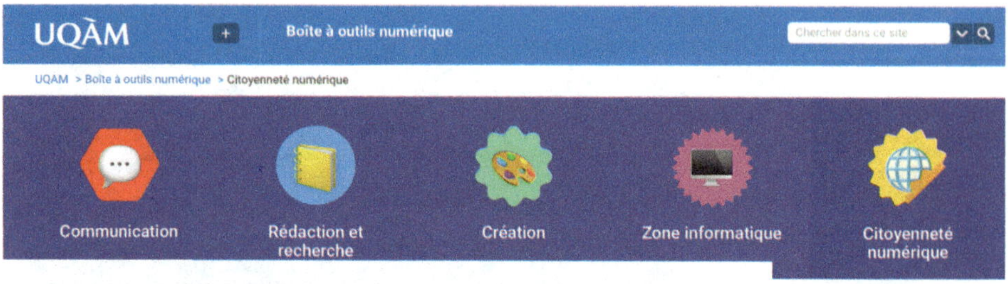

La citoyenneté numérique implique la compréhension et le respect des règles éthiques afin de participer de manière responsable dans l'environnement numérique. Explorez des ressources informationnelles et visuelles consciencieusement sélectionnées qui mettent en lumière des sujets essentiels de la citoyenneté numérique.

La parentalité à l'ère du numérique n'est pas chose facile ! Voici un ouvrage gratuit, réalisé par le CIUSSS du Saguenay-Lac-Saint-Jean qui pourra vous donner des conseils utiles et pertinents ! Bonne lecture.

Depuis 1996, HabiloMédias développe des programmes et des ressources pour la littératie numérique dans les foyers, les écoles et les communautés canadiennes. Leur travail s'articule autour de 3 domaines : l'éducation, la sensibilisation du public ainsi que la recherche. De nombreuses ressources intéressantes pour les familles.

Parents connectés est un site dédié aux parents et à l'éducation aux médias : articles, activités et jeux, catalogués par thèmes ou par âges.

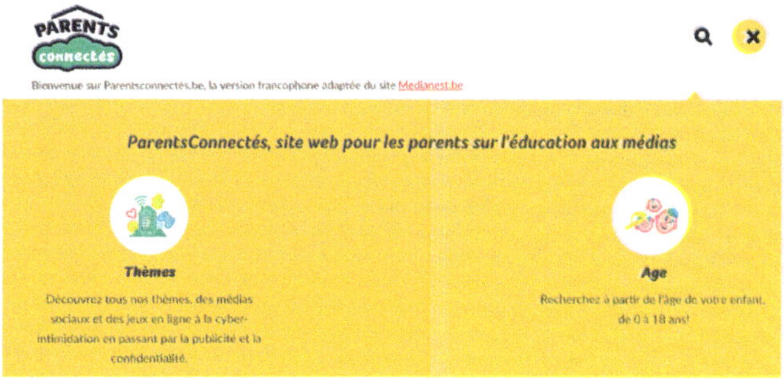

action innocence

Qui sommes-nous ? Médias Actualités Contact Je passe à l'action EN

Parents | Professionnels | AntiPedoFiles | Partenariats | Recherche

Podcast

Podcast
Action Innocence publie un **podcast** pour répondre aux questions des parents. Dans chaque épisode, l'équipe de prévention propose des pistes de réflexion sur les thématiques liées à **l'utilisation des écrans par les enfants et les adolescents.**

Comment parler d'IA à son enfant

Depuis quelque temps, l'intelligence artificielle, ou IA, est sur toutes les lèvres. Beaucoup d'informations sont partagées, mais peu de certitudes émergent. Normal que les préoccupations soient nombreuses, notamment chez les parents qui s'inquiètent des impacts que pourrait avoir l'IA sur l'éducation et le développement de leur enfant. Cet article vous propose un tour d'horizon rapide et quelques conseils pour aborder le sujet avec votre jeune.

alloprof

L'École branchée propose de nombreuses ressources utiles et gratuites *(magazines numériques, articles, conférences)* **pour aborder les grandes questions de la parentalité à l'ère numérique et faciliter le développement durable de la relation de coéducation autour du bien-être et de la réussite des jeunes à l'ère du numérique!**

Habile Médias, le centre canadien de littératie aux médias numériques, propose un cadre de littératie numérique clair et documenté ainsi que et des activités balisées adaptées.

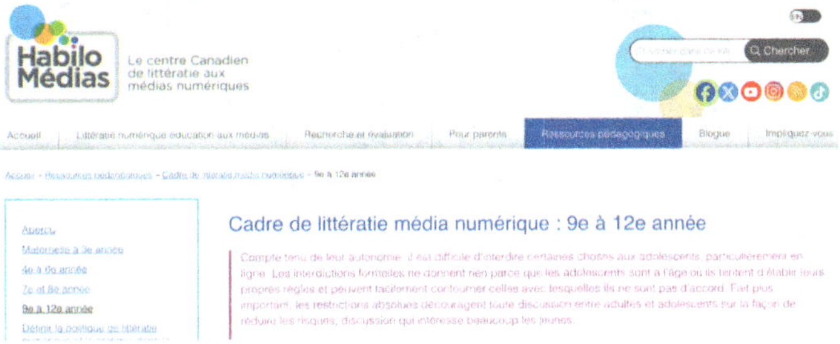

IN FINE

POUR FINIR EN BEAUTÉ !

UN BON VIEUX LEXIQUE

Avoir un lexique des termes du numérique, c'est un peu comme avoir un GPS dans une jungle pleine de hashtags, de cookies et d'algorithmes sournois. Si tu n'es pas équipé, tu risques de te retrouver à confondre un troll avec un gentil follower (mauvais plan), ou à croire qu'un deepfake est un documentaire fiable. Spoiler : ce n'est pas le cas.

Sans un bon vieux lexique, tu pourrais passer des heures à chercher ce qu'est un *mème* en pensant que c'est un vieux prof de maths. Et on ne parle même pas du jour où tu recevras un "DM" et penseras que c'est un acronyme pour "Dernier Message" avant la fin du monde... alors que c'est juste un pote qui te demande si tu veux aller boire un café.

Algorithme : Sorte de recette magique secrète que les réseaux sociaux utilisent pour décider ce que vous voyez. Spoiler : c'est surtout pour vous rendre accro et vous vendre des trucs.

Bulle de filtre : Petit cocon confortable où l'algorithme vous enferme pour que vous voyiez uniquement des posts qui confirment ce que vous pensez déjà. C'est cosy, mais attention à la fermeture d'esprit !

Bot : Un faux compte, contrôlé par un programme informatique, qui vous suit ou commente vos posts. Il est là pour booster l'engagement ou répandre des messages. Mais non, ce n'est pas un vrai fan de vos talents de chanteur.

Cloud : Non, ce n'est pas un nuage dans le ciel, mais un espace de stockage en ligne où vos photos, vidéos, et documents sont sauvegardés. Pratique, sauf quand vous oubliez le mot de passe...

Cookie : Non, ce n'est pas un biscuit, mais un petit fichier qui enregistre vos moindres clics pour mieux cibler les pubs. Ça ne se mange pas, mais ça suit tout ce que vous faites en ligne.

Cryptomonnaie : De l'argent digital qui n'existe que sur internet, comme le Bitcoin. Vous ne pouvez pas l'utiliser pour acheter un café, mais ça fait riche de dire que vous en avez.

Deepfake : Vidéo ou image truquée grâce à l'intelligence artificielle pour faire dire ou faire faire n'importe quoi à n'importe qui. C'est comme Photoshop, mais version cauchemar.

DM (Direct Message) : Message privé envoyé directement à quelqu'un, souvent pour dire "Salut, ça va ?", ou parfois pour glisser un "Tu veux sortir avec moi ?". C'est comme passer un petit mot en classe, mais sans que la prof s'en aperçoive.

Émoji : Petit symbole graphique utilisé pour exprimer une émotion, une idée, ou pour remplacer des mots entiers. Parfois, un simple 😂 en dit plus long qu'un paragraphe entier.

Feed : Le flux d'actualités ou de posts que vous faites défiler sans fin sur les réseaux sociaux. C'est comme un buffet à volonté de contenu, mais sans les calories.

Fake news : Informations bidon qui se propagent en ligne comme une rumeur de cour de récré. Sauf qu'ici, ça peut influencer des élections ou vous faire croire que la Terre est plate.

Firewall : Barrière de sécurité entre votre ordinateur et les méchants hackers. C'est le videur qui empêche les indésirables d'entrer dans votre réseau.

Follower : Personne qui suit votre compte sur les réseaux sociaux. Plus vous en avez, plus vous êtes populaire, et plus vous avez de chance de recevoir des propositions bizarres de marques obscures.

GIF : Petite animation ou vidéo en boucle qui capture souvent une réaction ou une situation. Parfait pour exprimer des émotions sans avoir à taper un mot.

Hack : Piratage informatique. Quand un hacker s'introduit dans un système, c'est rarement pour y planter des fleurs.

Hashtag : #MotClé ou #Expression qui permet de regrouper des posts sur un même sujet. C'est comme un GPS pour retrouver tous les posts de personnes qui pensent que #CatsRule.

Influenceur : Personne qui, grâce à ses photos parfaites et à ses hashtags bien placés, vous fait croire que la vie est plus belle avec une boisson détox ou un maillot de bain à 300$. Et vous finissez par acheter.

Link : Un lien hypertexte qui vous emmène d'une page web à une autre. Comme un petit pont magique pour naviguer sur internet. Ou parfois, vers un piège de phishing...

Live Stream : Diffusion en direct sur internet où vous pouvez regarder quelqu'un jouer à un jeu vidéo, faire un tutoriel, ou simplement discuter en temps réel. Comme la télé, mais avec moins de filtres.

Mème : Image ou vidéo souvent drôle qui se propage à une vitesse folle sur internet. Pensez à une blague qui se recycle plus vite qu'un mauvais jeu de mots de tonton Gérard.

Notification : Cette petite cloche qui sonne sur votre téléphone pour vous rappeler que quelqu'un, quelque part, a interagi avec votre post. Une sorte de mini-shot de bonheur instantané.

Phishing : Technique de fraude en ligne où des escrocs vous envoient de faux emails pour vous voler vos informations personnelles. Si un prince nigérian vous demande de l'aide, méfiez-vous.

Podcast : Émission audio à écouter où vous voulez, quand vous voulez. Parfait pour se cultiver ou se distraire pendant un long trajet... ou pour s'endormir.

Selfie : Photo que vous prenez de vous-même, souvent pour montrer que vous avez une super vie (ou juste pour tester un nouveau filtre). Plus de filtres = plus de likes. Magie de l'internet.

Spam : Messages non sollicités que vous recevez en masse, souvent pour vous vendre des pilules miracles ou des héritages douteux. Pas aussi savoureux que le spam en boîte.

Story : Petit bout de votre vie (ou de votre déjeuner) que vous partagez en ligne, visible pendant 24 heures avant de disparaître à jamais. Idéal pour ceux qui aiment l'éphémère... ou juste montrer leur dernière escapade au parc.

Streaming : Visionnage ou écoute de contenu (vidéo, musique) directement sur internet sans le télécharger. C'est comme une téléportation de divertissement.

Troll : Personnage malveillant qui rôde sur les réseaux sociaux pour provoquer, insulter, ou semer la zizanie. Un peu comme le vilain du pont, mais version 2.0.

URL : L'adresse d'une page web. Si le site web est une maison, l'URL est l'adresse où vous l'envoyez. Pas besoin de GPS, juste un bon copier-coller.

VPN (Virtual Private Network) : Réseau privé virtuel qui sécurise votre connexion internet et protège votre vie privée en ligne. C'est comme une cape d'invisibilité numérique.

Viral : Se dit d'un contenu qui se répand tellement vite qu'on dirait une grippe. Sauf que là, c'est une vidéo de chat qui fait le buzz en un temps record.

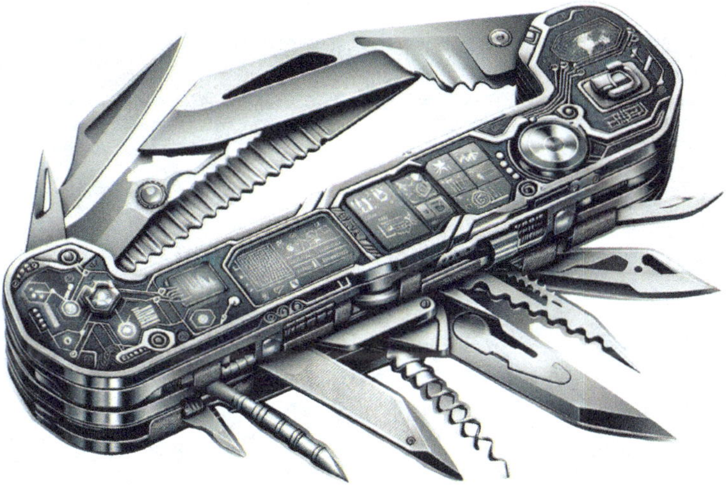

La création de cet ouvrage a été rendue possible grâce à plusieurs **outils** essentiels... et quelques **litres de café**. Parce qu'il faut bien l'avouer, sans eux, ce livre serait resté au stade de "*bonne idée griffonnée sur un post-it*".

Intelligence Artificielle

Copilot

ChatGPT

Adobe Firefly

iPad

Pages

Procreate®

Phonto

KEEP CALM AND GO AHEAD

D2
C4

David Cohen

2024-2025

DU MÊME ÉDITEUR

COLLECTIONS

CIVILISATION DU NUMÉRIQUE ET DE L'ÉCRAN

- David Cohen, *Citoyenneté numérique. Le petit guide de survie.* Montréal, Les Éditions Libertés Numériques, 2025, 82 pages.
- Michelle Blanc, *Confessions d'une experte*, Montréal, Les Éditions Libertés Numériques, 2025, 195 pages.
- Eric Le Ray, *Mémoire du parti conservateur du Québec sur l'identité numérique et l'IA 2025-2026*, Montréal, Les Éditions Libertés Numériques, 2025, 201 pages.
- Jean-Paul Lafrance, *Histoire descriptive et critique des Médias sociaux. Assiste-t-on à la mort des médias sociaux de première génération, face aux médias sociaux de nouvelle génération ?*, avant-propos Bruno Guglielminetti, préface Michelle Blanc, Montréal, Les Éditions Libertés Numériques, 2023, 128 pages.
- Alexandre Eyries, *Narrations cérémonielles. Du mythe au storytelling.* Montréal, Les Éditions Libertés Numériques, 2023, 133 pages.
- Jean-Paul Lafrance, *Où vont les médias sociaux, d'hier à Demain ?* Inclus en annexe l'article *L'évolution progressive des interfaces numériques, une synthèse historique*, par Jean Décarie et Jean-Paul Lafrance et l'équipe des praticiens de l'École des médias de l'UQÀM (D.Beaupré, J. Décarie, S.P. Gourd, J.C. Paquin, Margot Ricard), Éditions Libertés Numériques, 2022.
- Éric Le Ray, *Le journal sans journalistes ou le cinquième pouvoir des gens ordinaires. « People and individual is the message! », les gens et les individus sont le message ! Entre copiage, coexistence, complémentarité et remplacement*, avant-propos Hervé Fischer, préface de Nathalie Sonnac, postface de Guy Millière. Montréal, Les Éditions Libertés Numériques, 2022 (2e édition), collection Civilisation numérique et de l'écran, 120 pages.

HISTOIRE ET CIVILISATION DU LIVRE

- Éric Le Ray, *Le Napoléon de la presse mondiale, Marinoni (1823-1904)*, Montréal, Les Éditions Libertés Numériques, 2024, 580 pages.

HISTOIRES D'ORIENT ET D'OCCIDENT

- Wahid, Gdoura, *L'apparition de l'imprimerie et du livre imprimé arabe en Europe et en terre d'Islam. Un moment clé dans les relations entre l'Orient et l'Occident. Le premier Coran en arabe imprimé de l'histoire*, Montréal, Les Éditions Libertés Numériques, 2024, 600 pages.
- Bouchra Benbella, *Oudja la Belle*, Montréal, Les Éditions Libertés Numériques, 2019, 134 pages.
- Lamia Bereksi Meddahi, *Le devenir littéraire maghrébin*, Montréal, Les Éditions Libertés Numériques, 2018, 170 pages.

DIVERSITÉ LITTÉRAIRE MAGHRÉBINE

- Bouchra BENBELLA, *Najib Redouane : Pour une pérennité poétique*, collection Diversité littéraire maghrébine, Montréal, Les Éditions Libertés Numériques, 2025, 304 pages.
- Bouchra BENBELLA, *Najib Redouane : Le quatuor poétique sur l'amour*, collection Diversité littéraire maghrébine, Montréal, Les Éditions Libertés Numériques, 2025, 260 pages.

ROMANS, THÉÂTRES ET POÉSIES

- Najib Redouane, *Une année de rencontres*, « Cycle romanesque américain », Montréal, Les Éditions Libertés numériques, 2025, 470 pages.
- Najib Redouane, *Les tribulations de Nabil en Amérique*, « Cycle romanesque américain», Montréal, Les Éditions Libertés numériques, 2025, 457 pages.
- Lamia Bereksi Meddahi, *Pas de femme sans ma mère*, Montréal, Les Éditions Libertés numériques, 2024.
- Najib Redouane, *Nabil l'Oranai*s, « Cycle romanesque américain », Montréal, Les Éditions Libertés Numériques, 2024, 416 pages.
- Najib Redouane, *Au loin le rêve*, Tome 2, Montréal, Les Éditions Libertés Numériques, 2022
- Najib Redouane, *Terre des rêves*, Tome 1, Montréal, Les Éditions Libertés Numériques, 2022
- Lamia Bereksi Meddahi, *Mesquina*, Montréal, Les Éditions Libertés Numériques, 2021, 140 pages.

- Aouicha Oudjedi Damerdji, *Le cri du canari, quelques éclats de vers*, Montréal, Les Éditions Libertés Numériques, 2021, 60 pages.
- Irina Georgescu, *Notions élémentaires*, Montréal, Les Éditions Libertés Numériques, 2021, 100 pages.
- Rachida M'Faddel, *Coeur@prendre.com*, Montréal, Les Éditions Libertés Numériques, 2020, 154 pages.
- Robert Elbaz, *Thalma Krice*, Montréal, Les Éditions Libertés Numériques, 2020, 172 pages.
- Najib Redouane, *California dream*, Montréal, Les Éditions Libertés Numériques, 2018, 270 pages.
- Fanny Merlin-Chebat, *Fanny, la poésie plus forte que la mort*, Montréal, Les Éditions Libertés Numériques, 2018, 34 pages.

GENS DE MÉTIERS, SAVOIR-FAIRE ET FORMATION

- Adeline Pajot, PAJADE, *L'ange bleu*, recueil de poésies illustrées, portraits, photographies, design de joaillerie, expertise en gemmologie Montréal, Les Éditions Libertés Numériques, 2024.

FRÉDÉRIC BASTIAT DES HOMMES ET DES FEMMES LIBRES

- Jean-Louis Caccomo, *Rescapé de l'âme. Une descente aux enfers face à la dérive totalitaire de l'université et de la santé mentale en France*, Montréal, Les Éditions Libertés Numériques, 2019, 248 pages.

VIE SOCIALE ET POLITIQUE

- Éric Le Ray, *Les Partis bleus, La petite grande histoire du parti conservateur - Canada - Québec 1854 - 2024*, Montréal, Les Éditions Libertés Numériques, 2024, 74 pages
- Guy Millière, *Y a-t-il quelqu'un pour sauver la France ?*, avec une préface de Nicolas Lecaussin, directeur de l'IREF, Montréal, Les Éditions Libertés Numériques, 2023
- Alexandre Eyries, *La communication politique en débat: conflictualité, stigmatisation, légitimation ?*, Éditions Libertés Numériques, 2023
- Sidney Touati, *De la biocratie. Réflexions sur « L'Affaire du Covid-19 »*, Montréal, Les Éditions Libertés Numériques, 2022, 80 pages.

- Éric Lanthier, *Ma vision pour un Québec démocratique*, Tome 2, Montréal, Les Éditions Libertés Numériques, 2022, 358 pages.
- Jean-Louis Caccomo, *Le modèle français dans l'impasse*, Volume 2, Montréal, Les Éditions Libertés Numériques, 2022, 175 pages.
- Éric Lanthier, *Ma vision pour un Québec démocratique*, Tome 1, Montréal, Les Éditions Libertés Numériques, 2019, 358 pages.

ÉCONOMIE, ENVIRONNEMENT ET SOCIÉTÉ

- Max Falque, Jean-Pierre Chamoux, Erwan Queinnec. *Écologie. La nature a besoin d'entrepreneurs. Nature Requires Entrepreneurship*, Montréal, Les Éditions Libertés Numériques, 2022, 334 pages.

ISRAËL ET MÉMOIRES JUIVES

- Guy Millière, *Israel Explained to my Daughter,* Montréal, Les Éditions Libertés Numériques, 2022, 120 pages

SANTÉ, RELIGION, SPIRITUALITÉ

- Docteur Patrick de Casanove, *Pour rebâtir la Sécu : laissez nous faire !*, Montréal, Les Éditions Libertés Numériques, 2025.